Disney

5 MINUTES ET TU ÉTEINS

hachette
JEUNESSE

Disney

LES NOUVEAUX HÉROS

L'HISTOIRE DU FILM

La nuit tombe sur la ville de San Fransokyo. Au fond d'une impasse éloignée des rues illuminées, Hiro Hamada, un jeune inventeur de 14 ans, regarde le Mega-Robot qu'il a conçu vaincre le champion en titre, le robot du gangster Yama.

Furieux, ce dernier l'accuse de tricherie. Heureusement, Tadashi, le grand frère de Hiro, surgit à temps et s'enfuit avec lui sur son scooter !

Tadashi rêve de voir Hiro abandonner les combats de robots pour suivre, comme lui, les cours de l'Université de Technologie. Après avoir rejoint le campus, il présente son petit frère à ses amis Go Go, Wasabi, Honey et Fred.

Puis il colle un sparadrap sur le bras du garçon et l'arrache d'un coup sec ! À son cri de douleur, un étrange robot gonflable s'active et sort d'une valise...

Très impressionné, Hiro regarde l'invention de son frère le soigner. Tadashi le présente ensuite à Robert Callaghan, son passionnant professeur de robotique.

Décidé à rejoindre l'école de son frère, Hiro travaille jour et nuit sur une invention qu'il compte présenter pour entrer à l'Université.

Le jour J, il dévoile au jury une nuée de micro-robots : grâce à l'émetteur qu'il porte sur la tête, il les contrôle et peut les associer entre eux pour former n'importe quel objet. C'est un triomphe ! Alistair Krey, le patron d'une firme technologique, lui propose même de lui acheter son invention.

Hélas, le soir même, une violente explosion retentit dans l'Université, et Tadashi périt dans les flammes de l'incendie. Dévasté par le chagrin, Hiro s'isole et reste enfermé dans sa chambre pendant des jours.

Un soir, il se blesse à l'orteil en trébuchant. Sortant de sa valise pour le soigner, Baymax découvre par hasard, dans une coupelle, l'un des micro-robots qu'Hiro avait récupéré le soir du show.

Baymax le prend au mot et se met en route ! Inquiet, Hiro part finalement retrouver le robot de son frère. En arrivant dans un entrepôt désert, ils sont attaqués par des centaines de micro-robots. Stupéfait, l'adolescent réalise qu'un inconnu masqué lui a volé son invention pour la fabriquer en masse !

Le lendemain, Hiro veut récupérer sa création, mais il va avoir besoin d'aide. Il installe alors des données de combat dans Baymax, et lui crée une armure. Après ça, le duo suit le micro-robot jusqu'aux docks de la ville. Soudain, soulevé par une myriade de micro-robots, l'inconnu surgit des flots !

À cet instant, une voiture s'arrête sur les quais. Inquiet pour Hiro, Baymax a heureusement prévenu les amis de Tadashi, qui sont venus à leur secours.

Une fois chez lui, et afin de vaincre celui qu'ils surnomment « Yokai », Hiro conçoit des costumes de super-héros pour les amis de Tadashi, Baymax et lui-même.

En poursuivant leurs investigations, les jeunes gens découvrent que Yokai n'est autre que Callaghan !

Pour venger sa fille Abigail, disparue dans un vortex lors d'une expérience d'Alistair Krey, le professeur a mis le feu à l'université et volé l'invention d'Hiro. Fonçant chez Krey pour le sauver, le groupe parvient à vaincre Callaghan.

Puis ils réussissent à extraire Abigail, toujours vivante, du vortex dans lequel elle était bloquée. Grâce à Baymax, la fabuleuse invention de Tadashi, les Nouveaux Héros sont nés !

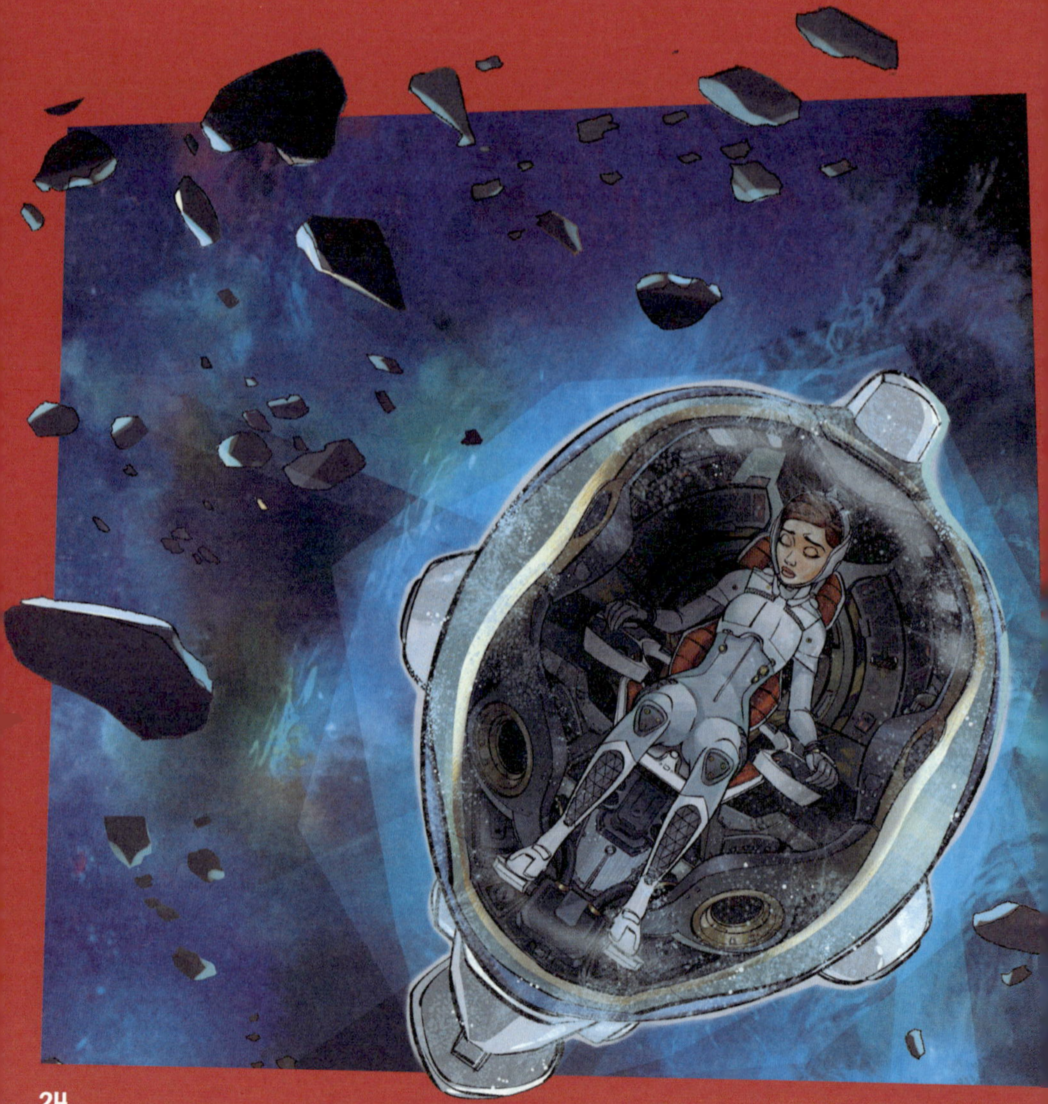

Disney

WISH

ASHA ET LA BONNE ÉTOILE

L'HISTOIRE DU FILM

Asha vit dans le royaume extraordinaire de Rosas, avec son grand-père Saba Sabino, sa mère Sakina, et son petit chevreau apprivoisé Valentino.

À l'âge de dix-huit ans, chaque habitant de l'île confie son vœu le plus cher au roi Magnifico, avant de l'oublier à jamais. Et, chaque mois, lors d'une cérémonie, le souverain réalise le souhait de l'un de ses sujets.

Comme Saba Sabino fête aujourd'hui ses cent ans, Asha espère que son vœu lui sera accordé lors de la prochaine cérémonie qui a lieu le soir même.

Malheureusement, lors d'une entrevue avec Magnifico, elle comprend avec stupeur que le roi garde prisonniers les vœux qu'il pense dangereux. Révoltée, Asha, qui pense que tout le monde doit avoir sa chance de poursuivre son rêve, court se réfugier dans la forêt.

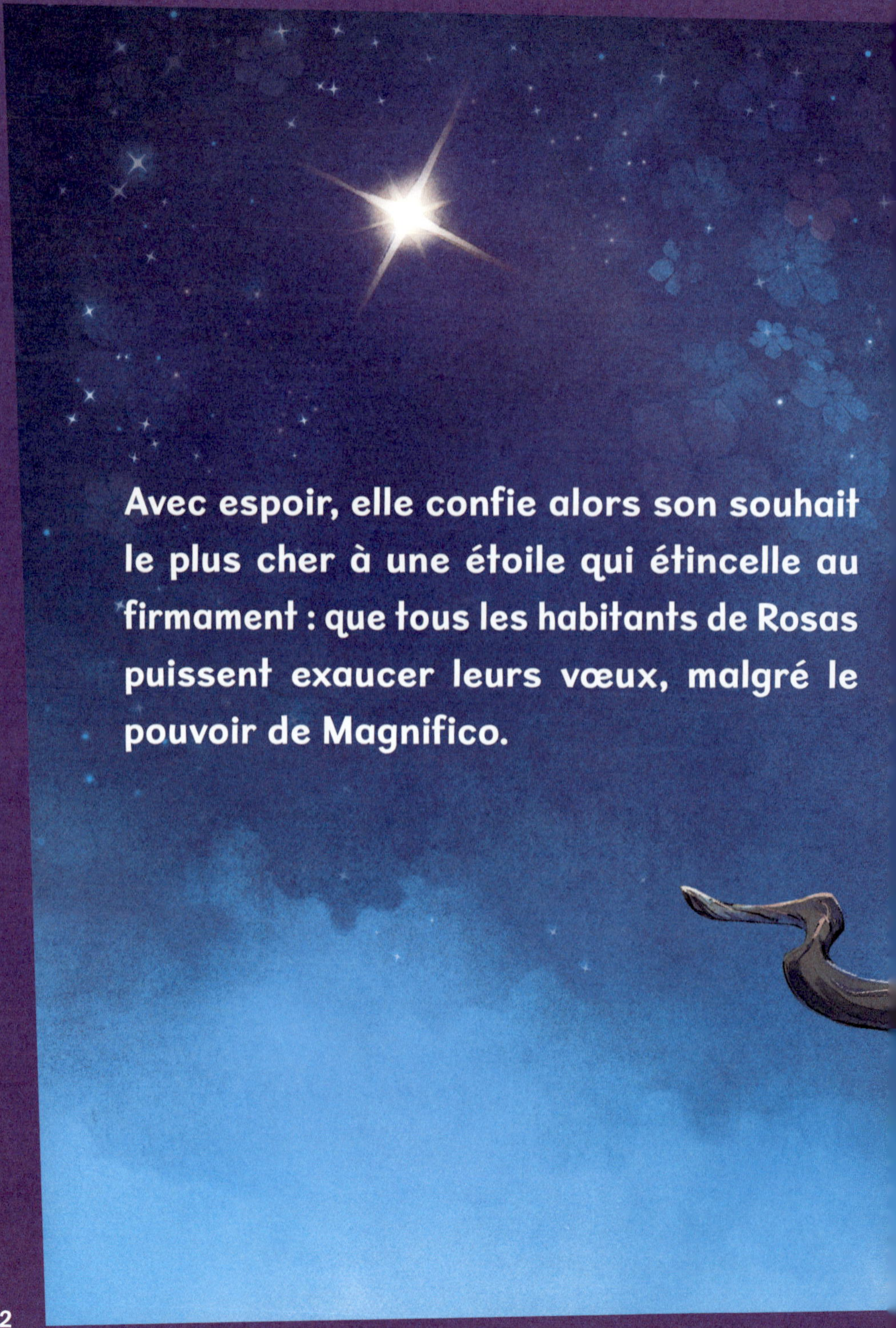

Avec espoir, elle confie alors son souhait le plus cher à une étoile qui étincelle au firmament : que tous les habitants de Rosas puissent exaucer leurs vœux, malgré le pouvoir de Magnifico.

Soudain, une lumière envahit le ciel et Star descend vers la terre ! Grâce à ses pouvoirs magiques, les animaux de la forêt se mettent à parler et expliquent à Asha que, dans la nature, tout est fait de poussière d'étoiles.

Enfin, l'astre brillant entraîne la jeune fille vers le château pour qu'ils aillent libérer le vœu de Saba Sabino.

Après avoir présenté Star à ses amis, Asha s'introduit dans les appartements royaux grâce au monte-charge de son amie Dahlia, la pâtissière du château.

L'étoile l'aide à trouver le vœu de son grand-père mais, avant de s'en aller, Asha voit avec effroi Magnifico utiliser la magie noire d'un ancien livre de sorcellerie pour accroître ses pouvoirs...

Comprenant que Star est la cause de la colère de Magnifico, Asha court prévenir ses amis. Aidée par la reine Amaya, horrifiée par l'attitude de son mari, la petite troupe tend un piège au souverain.

Tandis qu'Asha l'attire à sa poursuite dans la forêt, Star aide les jeunes gens à libérer les souhaits en ouvrant le toit de l'observatoire du château.

Magnifico n'arrive jamais trop tard !

Hélas, Asha découvre que, sous l'apparence du roi, c'est son ami Simon, complètement ensorcelé, qui l'a poursuivie et rattrapée ! Au même instant, Magnifico capture Star et récupère tous les souhaits...

Avec courage, Asha retourne au château pour affronter Magnifico. Malgré la puissance du souverain, la foi de la jeune fille en son étoile est si forte qu'en chantant, elle fait naître une étincelle qui se répand dans les cœurs des habitants de l'île.

Suivant son chant, tous parviennent à retourner les maléfices du roi contre lui-même et à libérer Star. Magnifico est vaincu !

Et, tandis que les vœux retrouvent leurs propriétaires, leur rendant l'espoir et la joie, Asha remercie avec tendresse l'étincelante étoile qui a répondu à son souhait et a permis de libérer Rosas.

Disney

ZOOTOPIE

L'HISTOIRE DU FILM

Bienvenue à Zootopie, la ville des animaux ! Ici, chacun peut accomplir ses rêves, comme le croit la jeune Judy Hopps, nouvelle recrue de la police.

Ce matin, elle assiste à sa première réunion d'équipe. Quand le capitaine Bogo annonce l'étrange disparition de 14 citoyens, elle espère pouvoir être en charge de l'enquête, mais Bogo préfère l'envoyer verbaliser les voitures mal garées.

Pourtant, Judy ne se décourage pas : son ouïe parfaite et sa rapidité lui permettent de remplir 201 contraventions avant le déjeuner !

Peu après, au Jumbeaux's Café, elle aide le renard Nick Wilde à acheter une énorme glace pour son fils qui rêve d'être un éléphant. En réalité, l'enfant est un fennec déguisé, et Nick s'empresse de broyer la glace pour en faire des petits esquimaux qu'il revend à des lemmings.

Très en colère contre lui, Judy en oublie de regarder où elle met les pieds et se retrouve coincée dans du ciment frais !

Dès le lendemain, Judy prouve sa valeur à ses collègues. Après une course-poursuite dans les petites rues de Sourisville, où elle est la seule policière à pouvoir se glisser, elle arrête le voleur de fleurs, Duke Weaselton.

Grâce à ce succès, Bellwether, l'adjointe au maire, lui permet d'enquêter sur la disparition des 14 animaux. Ravie, Judy demande de l'aide à Nick. Ensemble, ils suivent la piste d'Otterton, un fleuriste travaillant pour Mr Big, le caïd de la ville.

Apprenant que le jaguar Manchas, le chauffeur d'Otterton, a été témoin de sa disparition, ils partent l'interroger dans le quartier de la Forêt Tropicale.

Soudain, alors qu'ils sont en plein interrogatoire, Manchas redevient complètement sauvage et se met à les poursuivre.

Alors qu'ils tentent d'échapper aux griffes du jaguar, Judy appelle du renfort. Mais, à l'arrivée de ses collègues, l'animal féroce a disparu.

De retour au commissariat, Bellwether aide Judy et Nick à visionner les enregistrements des caméras de la circulation. Ils découvrent que Manchas a été enlevé par deux loups et emmené à l'ancien hôpital de Cliffside.

La nuit même, Judy et Nick se faufilent dans le bâtiment et découvrent que le maire Lionheart, pour protéger la ville, a ordonné d'enfermer tous les prédateurs redevenus féroces. La jeune policière organise alors l'arrestation du maire.

Une fois Lionheart en prison, Bellwether prend sa place, mais la question reste entière : pourquoi des animaux civilisés se sont-ils transformés en bêtes sauvages ?

Grâce aux méthodes de Mr Big, Duke Weaselton révèle que les victimes ont été droguées avec un sérum tiré des fleurs qu'il livrait dans une station de métro désaffectée.

En se rendant sur place, Nick et Judy ont la surprise de tomber sur Bellwether ! Stupéfaits, ils l'écoutent expliquer que c'est elle qui a drogué les prédateurs afin de devenir l'unique dirigeante de Zootopie !

En souriant, Judy lève alors le magnétophone en forme de carotte sur lequel elle a enregistré les aveux de la coupable.

Bellwether est arrêtée et les médecins trouvent un antidote pour les animaux infectés. Grâce à Judy et à Nick, qui est devenu policier, les habitants de Zootopie peuvent recommencer à vivre en paix !

Disney

Lilo et Stitch

LA VALENTINE DE STITCH

Aujourd'hui, c'est la Saint-Valentin ! Aidée par Stitch, Lilo finit de préparer les jolies cartes qu'elle a dessinées.

– Celle-ci manque de paillettes, note-t-elle.

– D'accord ! approuve Stitch en s'empressant de renverser tout le pot.

Tout en distribuant ses cartes, Lilo explique à Stitch que faire un cadeau durant cette fête permet de montrer son affection à quelqu'un et d'en faire son Valentin ou sa Valentine.

Avec un gros soupir, Stitch contemple les gens qui se réjouissent tout autour de lui. Comme il aimerait avoir une Valentine avec qui partager cette journée !

En marchant dans les rues avec Lilo, il remarque, accroché dans une vitrine, l'image d'un bébé ailé armé d'un arc.

– C'est Cupidon, lui explique-t-elle. C'est un ange qui répand l'amour le jour de la Saint-Valentin.

À ces mots, Stitch se souvient de son amie Angel. Cette petite extraterrestre, née comme lui d'une expérience scientifique, vit elle aussi à Hawaï !

– Est-ce qu'Angel pourrait être la Valentine de Stitch ? demande-t-il, plein d'espoir.
– Bien sûr ! répond Lilo. Tu sais où elle est ?
Stitch n'en est pas certain. L'extraterrestre rose préfère vivre dans la forêt.

– Très bien ! Dans ce cas, on va la retrouver ! propose la petite fille.
L'alien est si enthousiaste qu'il court de toutes ses pattes, dépassant Lilo.

En arrivant au cœur de la forêt, ils entendent un chant magnifique s'élever dans les airs. Stitch reconnaît aussitôt la voix d'Angel.

Émerveillée, Lilo ouvre son sac, attrape ses jumelles et observe avec soin les rochers bordant la rivière.

Un peu surprise de les voir, leur amie les accueille en souriant.

– Joyeuse Saint-Valentin ! s'écrie Stitch.

– Hum... Je crois que tu vas devoir lui expliquer de quoi il s'agit, chuchote Lilo en contemplant la mine étonnée d'Angel.

Ne sachant pas très bien quoi dire, Stitch se souvient alors de tout ce qu'il a vu pendant la matinée.

D'abord, il cueille un gros bouquet de fleurs, mais le pollen fait éternuer l'alien rose.

Ensuite, il chante si fort et si faux que la pauvre se bouche les oreilles !

Voyant qu'aucun cadeau ne fait plaisir à Angel, il réfléchit alors très fort.

– Aha ! s'exclame-t-il après quelques minutes.

Puis il se roule en boule et, comme un ballon, dégringole à toute allure en bas de la falaise !

Avec étonnement, Angel et Lilo le voient creuser le sable de la plage, éparpillant autour de lui des feuilles de palmier, des coquillages, des planches de bois et des noix de coco.

Mais...
que fait-il ?

Après avoir tracé un cœur avec ses trouvailles, il remonte auprès d'Angel.

– Saint-Valentin ? demande-t-elle, ravie.

– Sois ma Valentine ! dit Stitch, tout fier de lui.

À cet instant, Lilo le surprend en offrant un cadeau : une boîte de chocolats qu'elle avait gardés pour lui. Avec un grand sourire, Stitch sépare alors le cœur en deux et offre une moitié à chacune de ses amies !

Disney

HERCULE

L'HISTOIRE DU FILM

Sur le mont Olympe, les dieux célèbrent la naissance d'Hercule, le fils du puissant Zeus, le roi des dieux, et de sa femme Héra. Autour du berceau, tout le monde s'émerveille.

Seul, Hadès, le dieu des Enfers, fait grise mine : les Moires, trois divinités capables de voir l'avenir, lui ont prédit qu'il ne régnerait jamais sur l'Olympe tant que son neveu sera en vie.

Le dieu cherche alors à se débarrasser du nouveau-né et confie cette mission à Peine et Panique. Les deux serviteurs déposent l'enfant sur Terre et lui font boire un philtre pour le rendre mortel. Soudain, un couple de paysans les interrompt !
Changés en serpents venimeux, les deux affreux essayent de mordre Hercule, mais le bébé, qui a gardé toute sa force malgré la potion, les attrape et les envoie voltiger au loin.

Entouré d'amour, Hercule grandit chez les paysans qui l'ont sauvé. C'est aujourd'hui un adolescent plein de fougue, dont l'inexplicable force lui joue parfois des tours...

Le jour où ses parents lui révèlent qu'il a été adopté, Hercule se rend au temple pour demander conseil aux dieux. À sa stupeur, la statue de Zeus s'anime en le voyant et le géant lui explique d'où il vient !

Tu es mon fils. Pour redevenir un dieu, agis en héros. Va sur l'île d'Hydra et trouve Philoctète !

Zeus appelle ensuite Pégase, le cheval ailé qu'il avait offert à son fils le jour de sa naissance. Enfin réunis, les deux amis se rendent chez Philoctète, le coach de héros.

Durant des mois, le satyre entraîne Hercule à maîtriser sa force. Un matin, il le juge enfin digne de l'accompagner à Thèbes, la plus grande cité de Grèce.

En route, une première épreuve attend Hercule : le centaure Nessus, une créature mi-homme mi-cheval, tente d'enlever une jeune femme sous ses yeux ! Bravement, Hercule l'affronte et remporte haut la main la victoire.

Puis il se présente à Meg, la jolie rescapée. Malgré la méfiance de Philoctète et de Pégase, il en tombe tout de suite amoureux, sans se douter qu'elle travaille pour Hadès.

Arrivé à Thèbes, Hercule enchaîne les exploits. Alors, Hadès, inquiet de voir son ennemi si puissant, enlève Meg. Pour libérer la jeune femme, le héros doit renoncer à sa force pour une journée. Hercule accepte à condition qu'il n'arrive aucun mal à celle qu'il aime. Aussitôt, le dieu des Enfers envoie les Titans, ses puissants alliés, conquérir l'Olympe !

Dans le même temps, la ville de Thèbes reçoit la visite du Cyclope, un terrible monstre. Par chance, Hercule réagit à temps : à l'aide d'une simple torche, il aveugle le géant et le pousse dans un gouffre !

Mais, lors du combat, Meg est tuée en sauvant Hercule. Le pacte avec Hadès se rompt car il est arrivé malheur à la jeune femme. Soudain, le héros retrouve toute sa force. Fou de chagrin, il fonce avec Pégase vers l'Olympe, libère son père et expédie les Titans très loin de la Terre.

Enfin, il part rejoindre Hadès au Royaume des Ombres afin de lui proposer un marché que le dieu des Enfers ne pourra pas refuser.

Hadès accepte tout de suite le marché ! Mais, en offrant sa vie pour sauver la jeune femme, Hercule s'est comporté en héros et est redevenu un dieu. D'un geste, il récupère sa bien-aimée et précipite Hadès au fond des Enfers.

Le nouveau héros se rend ensuite sur le mont Olympe pour présenter Meg à ses parents. Il leur fait également part de sa décision de rester vivre sur Terre à ses côtés. Zeus comprend ce choix et offre à son fils le plus beau des cadeaux : la constellation d'Hercule !

Disney · PIXAR

ALERTE ROUGE

ALLEZ, LES PANDAS !

Aujourd'hui, Mei et ses amies Miriam, Priya et Abby sortent en trombe de l'école et se mettent à danser et à chanter.

Elles sont folles de joie car, ce soir, elles vont toutes les quatre pour la deuxième fois à un concert des 4*Town, leur groupe préféré !

Mais, avant les réjouissances, Mei doit encore nettoyer le temple familial.

– On va t'aider ! décide Miriam. Dis-nous quoi faire !

Reconnaissante, Mei leur donne balais et chiffons et leur demande de faire bien attention aux talismans de ses ancêtres.

Tout se passe pour le mieux jusqu'à ce qu'Abby éternue et déclenche la catastrophe tant redoutée par Mei !

Brusquement libérés des talismans brisés, trois esprits pandas se matérialisent et flottent vers les filles...

Soudain, le premier prend possession de Miriam, le deuxième de Priya et le dernier d'Abby !

– Comment est-ce possible ? demande Priya, ahurie.

– Je suppose que ce sont les esprits d'ancêtres très éloignés. Ils ont vu en vous l'occasion de posséder de nouveau une enveloppe corporelle, explique Mei.

Si on allait au concert sous nos formes de pandas ?

– Bonne idée ! répond Mei, en se transformant à son tour. Mais, avant, nous allons combattre le crime comme de vraies super-héroïnes. Allez, les pandas ! Ensemble, défendons Toronto !

Rapidement, Miriam repère une fillette qui pleure car son chaton est coincé sur un toit. Avec admiration, le groupe regarde leur amie attraper l'animal et le ramener sain et sauf.

Peu après, Abby réussit à arrêter un voleur qui s'enfuyait de la boutique de Devon.

– Oh, merci, Super-Panda ! s'écrie le jeune homme, très impressionné.

Sur le chemin du stade, les quatre copines tombent sur des fans des 4*Town. Ils sont désespérés : leur bus a crevé !

– Nous allons rater tout le début du concert, soupire l'un d'eux.

– Pas question, dit Priya. On va vous transporter !

En arrivant, Mei se présente à la porte des coulisses et montre son badge VIP à l'agent de sécurité. Bien qu'interloqué, il laisse les pandas accéder aux loges du groupe.

Après avoir été accueillies comme des reines par les chanteurs, Mei et ses amies se joignent à la foule.

Elles passent une soirée magique à chanter et danser sur leurs chansons préférées !

Le concert terminé, les filles repartent en riant et fredonnant.

– Au fait, est-ce que nous devons attendre la prochaine lune rousse pour libérer nos pandas ? s’inquiète tout à coup Abby.

– Je n’en ai aucune idée… Allons demander à mon ancêtre Sun Yee, propose Mei.

De retour au temple, le quatuor s'assoit en cercle et prie Sun Yee de guider les esprits des pandas égarés vers leur lieu de repos.

Soudain, POUF ! les trois pandas s'élèvent vers la Lune. Émerveillées, les filles les saluent en souriant et les regardent danser dans le ciel. Chacune espère secrètement retrouver son panda un jour !

Disney

Raya et le dernier dragon

L'HISTOIRE DU FILM

Jadis, une ombre maléfique appelée Druun se répandit sur le royaume de Kumandra, détruisant tout sur son passage et pétrifiant les habitants.

Les dragons tentèrent de combattre ce fléau. Tous ceux qui essayèrent furent vaincus, sauf Sisu qui, en concentrant toute sa magie dans une pierre, réussit à repousser le Druun avant de disparaître.

Lorsque les citoyens revinrent à la vie, Kumandra fut divisé en cinq royaumes : Croc, Cœur, Dos, Griffe et Queue du Dragon.

À présent protégée par le chef Benja et sa fille Raya, l'extraordinaire Pierre de dragon se trouve dans le temple secret du royaume de Cœur du Dragon.

Pendant un banquet réunissant tous les clans, Namaari, la jeune princesse de Croc, révèle à Raya qu'on raconte que Sisu s'est endormie à l'embouchure d'une rivière. En échange de cette information, Raya emmène Namaari au temple, mais cette dernière lui tend un piège et l'attaque avec une armée de soldats afin de s'emparer de la Pierre de dragon. Dans la cohue, la précieuse roche se brise, libérant le Druun !

Pour se protéger, chaque clan s'empare d'un morceau avant de fuir, laissant à Benja un seul éclat. Poursuivi par l'esprit maléfique, le père confie le fragment à Raya.

Et pour la sauver, Benja la pousse dans l'eau. Emportée avec son ami Tuk Tuk, la jeune fille voit alors avec horreur le Druun pétrifier son père !

Les années passent. Raya et Tuk Tuk explorent sans relâche tous les cours d'eau de Kumandra dans l'espoir de retrouver Sisu.

La jeune fille prépare à chaque fois une offrande pour le dragon et, un soir, Sisu apparaît enfin !

Peu après, Raya trouve un morceau de la Pierre à la forteresse de Queue du Dragon, ce qui donne à Sisu le pouvoir de se transformer en femme. Namaari ayant retrouvé leur trace, Raya et ses amis s'enfuient sur le bateau du jeune pêcheur Boun.

Échappant de peu au Druun, Raya réussit ensuite à s'emparer du troisième éclat, au royaume de Griffe du Dragon. Elle propose alors à la petite Noi et ses trois Ongis de les rejoindre.

Peu après, Tong, le dernier guerrier en vie du royaume de Dos du Dragon, offre à Sisu le quatrième éclat et rejoint leurs rangs.

Il ne reste plus que le morceau de Namaari pour que la Pierre soit reconstituée !

– Tu dois lui faire confiance et espérer qu'elle prenne la bonne décision, explique Sisu à Raya.

En arrivant au royaume de Croc, Raya s'allie à Namaari pour sauver la population de l'attaque du Druun. Aidées de leurs coéquipiers, les deux guerrières réussissent à repousser le fléau grâce aux éclats de la Pierre de dragon.

Tout à coup, un tremblement de terre les précipite tous dans une grotte où ils se retrouvent cernés par le Druun...

Sachant que la seule solution pour repousser définitivement l'ombre est de reconstituer la Pierre, Raya confie à Namaari son éclat :
– J'ai confiance en toi..., murmure-t-elle juste avant d'être pétrifiée.

Les autres membres du groupe imitent leur amie pour que Namaari puisse enfin assembler le joyau. Aussitôt, de puissants anneaux lumineux en jaillissent, anéantissant le Druun.

Enfin, une pluie magique rend la vie aux humains et les autres dragons réapparaissent aux côtés de Sisu !

Le jour suivant, tandis que le royaume retrouve sa splendeur, Benja, fier et heureux, serre sa fille contre lui avant de remercier Sisu et ses amis.

Disney

KUZCO, L'EMPEREUR MÉGALO

L'HISTOIRE DU FILM

Kuzco, le jeune empereur du Pérou, est aussi égoïste que vaniteux.

Un jour, il donne audience à un paysan nommé Pacha et lui annonce qu'il va raser son village pour construire son nouveau palais.

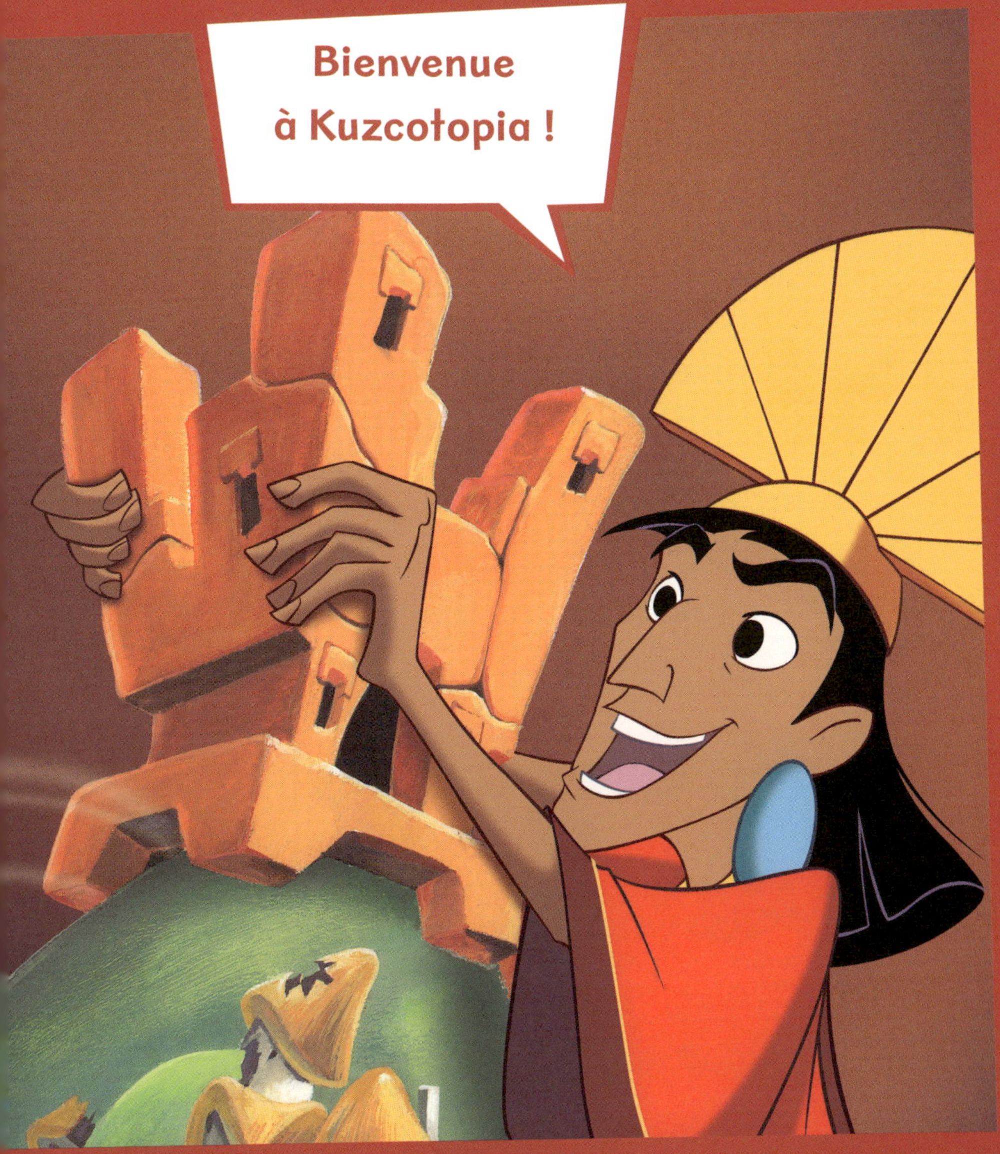

Tout à ses projets, Kuzco ignore que sa conseillère Yzma complote contre lui. Avec l'aide de Kronk, son assistant, elle fabrique un philtre mortel qu'elle compte lui servir au cours de leur dîner.

Or, lorsque Kuzco avale le breuvage, il se transforme en lama !

– Idiot, tu t'es trompé de potion ! hurle-t-elle à Kronk. Assomme-le, mets-le dans un sac, et débarrasse-toi de lui !

Mais Kronk est si maladroit qu'il fait tomber le sac contenant Kuzco, qui se retrouve sur la charrette de Pacha. De retour chez lui, le paysan découvre, ahuri, l'empereur transformé en lama !

Seulement si vous bâtissez votre palais ailleurs !

Aussi têtu que l'animal qu'il est devenu, Kuzco refuse la proposition du paysan et part seul en direction de la ville.

Mais il ne faut pas longtemps au lama pour découvrir que la jungle alentour est très dangereuse... Après avoir dégringolé d'une colline, l'empereur est poursuivi par de féroces jaguars ! Heureusement, Pacha, qui l'a suivi, parvient à le sauver à temps.

Le duo décide alors de s'allier pour sortir de la forêt tropicale. Et, une fois hors de danger, Pacha déguise Kuzco en paysanne et l'emmène dîner au restaurant.

Soudain, ils aperçoivent Yzma et Kronk et les entendent se disputer à propos de l'empereur...

Déçu d'avoir été trahi par sa conseillère, Kuzco se faufile dans le laboratoire d'Yzma pour trouver l'antidote qui lui rendra sa forme humaine. Pacha l'accompagne mais, à leur arrivée, les deux intrus déchantent...

Les étagères sont remplies de centaines de flacons et celui qu'ils recherchent a disparu ! Stupéfaits, ils n'entendent pas Kronk et Yzma se glisser dans leur dos...

– Tue-les, Kronk ! hurle alors la méchante.

Comme son assistant refuse d'obéir, Yzma se venge en ouvrant une trappe sous ses pieds. Puis elle bombarde Pacha et Kuzco à coups de fioles de poison !

Tout en s'enfuyant, Kuzco avale divers breuvages des étagères pour essayer de retrouver sa forme humaine. Mais les potions le transforment tour à tour en perroquet, en tortue, en baleine… et à nouveau en lama !

Récupérant enfin le bon flacon, Kuzco et Pacha se réfugient sur une corniche du palais. Mais au moment où Kuzco s'apprête à le boire, Yzma surgit telle une furie ! Pacha jette une fiole sur elle et POUF ! elle est transformée en chaton.

L'instant d'après, Kronk fait son apparition en ouvrant violemment une trappe et assomme Yzma. La conseillère est désormais hors d'état de nuire !

Après cette aventure, Kuzco, redevenu lui-même, a compris ce que Pacha savait depuis longtemps : l'amitié et la générosité sont les biens les plus précieux au monde. Il décide alors de construire son prochain palais sur une colline inhabitée, proche de celle de Pacha.

Et c'est en ami que Pacha et sa famille accueillent leur impérial nouveau voisin !

Disney

Encanto

La Fantastique Famille Madrigal

ISABELA ET LES FLEURS DE SOUCIS

À l'âge de cinq ans, Isabela, l'aînée des enfants de la famille Madrigal, reçoit le don de créer toutes sortes de plantes et de fleurs.

Sa magie émerveille sa famille et rend très fière Abuela, sa grand-mère.

Les années passent et, un jour, afin de partager son don, Isabela ouvre une serre près du marché, sur la place du village. Le succès est immédiat !

Émerveillés, clients et visiteurs affluent pour admirer les fleurs de tournesol, la cascade des bougainvilliers, de rares orchidées et bien d'autres merveilles.

Un matin, un groupe d'enfants inquiets entre dans la serre.

– Quelque chose ne va vraiment pas avec ma plante, explique Cecilia en montrant un pot de fleurs orange.

– Soit elle est morte, soit elle a besoin de café ! soupire son ami Juancho.

– Elle n'est pas morte ! s'exclame Alejandra avec confiance. Elle a juste besoin de la magie d'Isabela !

En souriant, la jeune femme soulève le pot et inspecte les fleurs.

– Et si je vous disais que cette plante a elle-même un pouvoir magique, et qu'elle n'a pas du tout besoin d'aide ? confie-t-elle aux enfants étonnés. Suivez-moi dans la boutique, je vais vous montrer quelque chose...

Elle les mène alors jusqu'à une étagère sur laquelle se trouvent trois plants de fleurs orange. Le premier est en pleine forme, le deuxième est plus maigre et les feuilles du troisième sont très abîmées.

– Celle-ci aussi semble bien mal en point ! remarque Cecilia.

– Non, ces plantes, qui s'appellent des soucis, vont très bien, explique Isabela. Mais elles ont un secret…

Doucement, elle soulève l'une des feuilles. En voyant les chenilles qui la grignotent, les enfants n'en croient pas leurs yeux !

– Pourquoi la mangent-elles ? demandent-ils.

– Les feuilles des soucis sont la nourriture préférée des *oruguitas* jusqu'au moment de leur transformation. Mais ne vous inquiétez pas, elles repousseront !

Fascinés, les enfants découvrent alors des cocons cachés sous d'autres feuilles.

À cet instant, Camillo, le cousin d'Isabela, entre dans la serre, accompagné par Antonio et Dolorès.

– Les *oruguitas* sont de vrais experts de la métamorphose, s'amuse-t-il. Comme moi !

– Mais en quoi se transforment-ils ? demandent les enfants avec curiosité.

– Revenez après-demain, vous verrez ! répond Isabela.

Deux jours plus tard, les enfants courent au rendez-vous. Dès qu'ils ouvrent la porte, la surprise est totale : des dizaines de papillons monarques ont envahi la serre !

– Voilà le secret des soucis : ils nourissent des chenilles affamées qui se transforment en jolis papillons dorés ! s'exclame Isabela avec bonheur.
Puis la jeune femme rend son pot à Cecilia.
– Prends-en bien soin, car ta petite plante donne vie à toutes ces merveilles, conlut-elle en regardant les monarques s'envoler vers les collines de l'Encanto.

Disney · PIXAR

ÉLÉMENTAIRE

L'HISTOIRE DU FILM

Un beau jour, désireux de démarrer une nouvelle vie, Brul et Sandra Lumen, un couple de Flamboyants, quittent leur terre natale pour rejoindre Element City.

En arrivant, ils découvrent, émerveillés, cette magnifique ville qui abrite les éléments de l'Air, de la Terre et de l'Eau.

Ne trouvant pas de logement, ils s'installent dans un vieil immeuble et, peu de temps après, leur fille Flam vient au monde.

Tout en l'élevant dans la tradition de la Flamme Bleue, venue de sa contrée natale, Brul travaille dur et ouvre un magasin baptisé *Le Foyer*.

– Tu prendras ma place à la boutique quand tu sauras te contrôler, dit-il souvent à sa fille.

En effet, malgré ses nombreuses qualités, Flam a tendance à vite s'énerver ! Le jour où elle s'occupe pour la première fois du magasin, l'affluence est telle qu'elle perd son sang-froid.

Elle se précipite dans la cave et explose de colère, ce qui provoque une grosse inondation. Elle doit vite réagir, les éléments de Feu s'éteignent au contact de l'eau !

Tout à coup, un Aquatique nommé Flack Delamare, jaillit d'une des fuites. Manque de chance, ce dernier est inspecteur municipal…

– Cette boutique est si mal entretenue que je suis obligé de dresser un procès-verbal ! s'exclame-t-il, navré.

Craignant que le magasin de son père ne soit fermé par sa faute, Flam convainc alors Flack de l'aider. Sa patronne, Alizée Cumulus, leur accorde un délai et les charge d'enquêter sur l'inondation qui a eu lieu.

Survolant la ville en ballon, Flam et Flack découvrent que les portes d'un canal qui borde le quartier du Feu menacent de céder. Ensemble, ils contiennent la fuite avec des sacs de sable. Mais ce n'est qu'une solution provisoire...

Le lendemain, Flack retrouve Flam sur la plage et lui apprend tristement que la mairie refuse de réparer les portes. D'abord désemparée, la Flamboyante a une idée lorsqu'elle remarque que le sable sur lequel elle est installée s'est durci sous sa chaleur.

Elle entraîne aussitôt l'Aquatique dans le canal et ferme l'ouverture en faisant fondre les sacs de sable, qui se transforment en une épaisse paroi de verre.

Vous avez un talent extraordinaire !

Le soir même, Flack invite Flam à dîner chez lui. En la voyant réparer une carafe brisée, Madame Delamare conseille à son invitée de suivre des études de verrerie, même si l'école se trouve loin d'Element City.

Je t'aime,
Flam.

Les deux amis deviennent inséparables. Mais, quand Flack lui avoue ses sentiments amoureux, Flam est déchirée ! De peur de décevoir ses parents si elle ne suit pas la vie qu'ils veulent pour elle, elle rompt avec lui et se rend près du fleuve.

À cet instant, la digue de verre qu'elle avait construite se brise et l'eau envahit le quartier du Feu ! Grâce à l'aide de Flack, Flam parvient à sauver la Flamme Bleue.

Puis elle avoue à ses parents qu'elle ne veut pas suivre leur rêve de reprendre la boutique. À la place, elle souhaite étudier la verrerie. Bouleversés, Brul et Sandra acceptent que leur fille adorée suive sa propre route.

Une fois les portes du canal réparées, la communauté du Feu reconstruit son quartier. Bientôt, *Le Foyer* rouvre ses portes. Le succès est tel que Brul engage de nouveaux employés pour enfin prendre sa retraite.

Le jour du départ de Flam pour son école de verrerie, ses parents viennent lui dire au revoir.
– Nous serons toujours là pour toi ! lui promet Brul, ému.
Même si ses parents vont lui manquer, aux côtés de Flack, la Flamboyante est prête à réaliser tous ses rêves !

★ Retrouvez dans la même collection ★

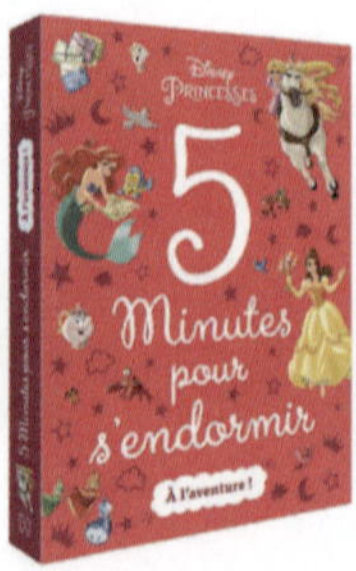

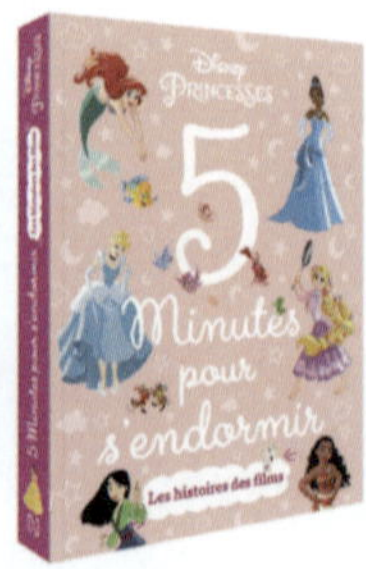

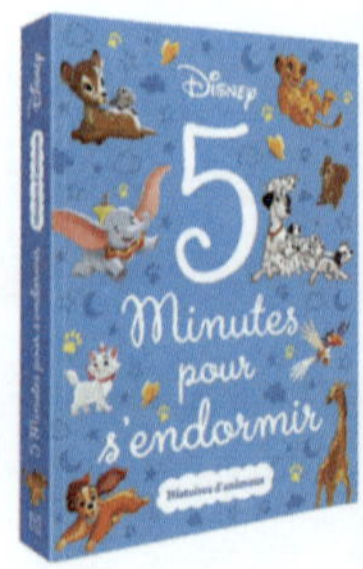

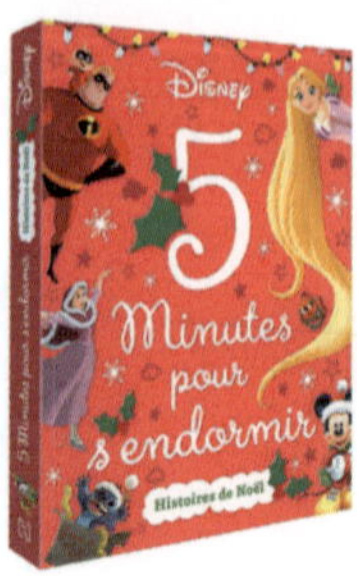

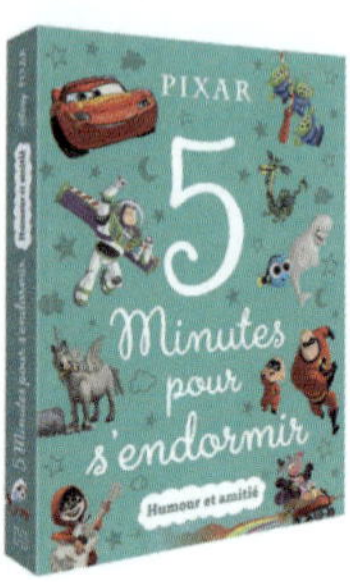

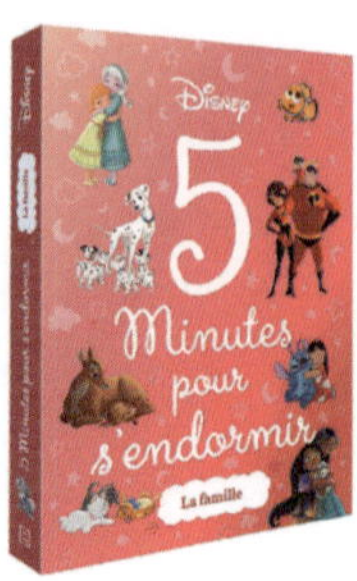

Minnie
5
Minutes
pour
s'endormir
Minnie et ses amis

Mickey
5
Minutes
pour
s'endormir

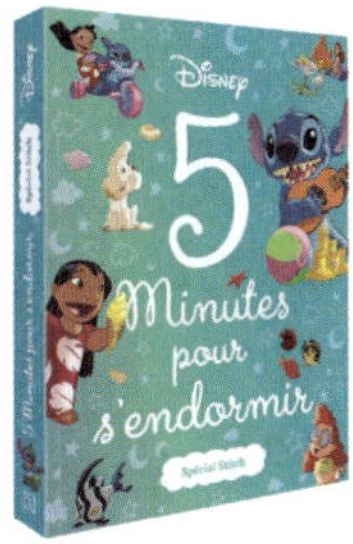
Disney
5
Minutes
pour
s'endormir
Spécial Stitch

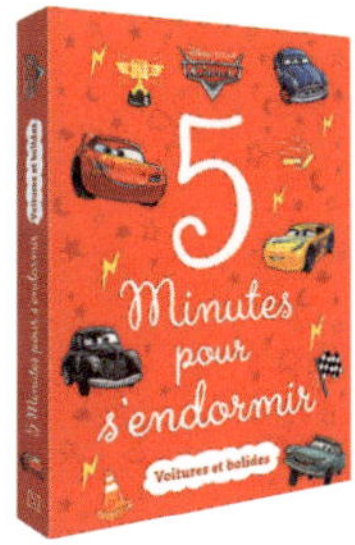
5
Minutes
pour
s'endormir
Voitures et bolides

Spidey
5
Minutes
pour
s'endormir
Petits super-héros

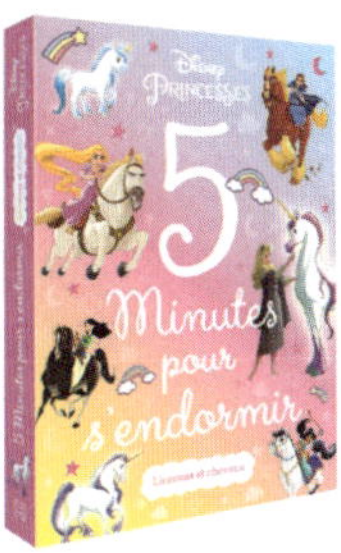
Disney Princesses
5
Minutes
pour
s'endormir

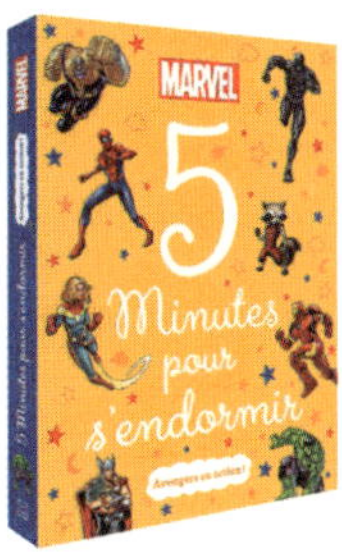
Marvel
5
Minutes
pour
s'endormir

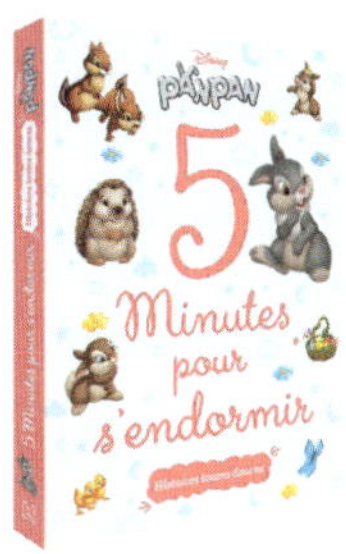
Panpan
5
Minutes
pour
s'endormir

Disney Princesses
5
Minutes
pour
s'endormir

Star Wars
5
Minutes
pour
s'endormir
À travers la galaxie

Reine des Neiges
5
Minutes
pour
s'endormir
Histoires givrées

Disney
5
Minutes
pour
s'endormir

Disney
5
Minutes
pour
s'endormir

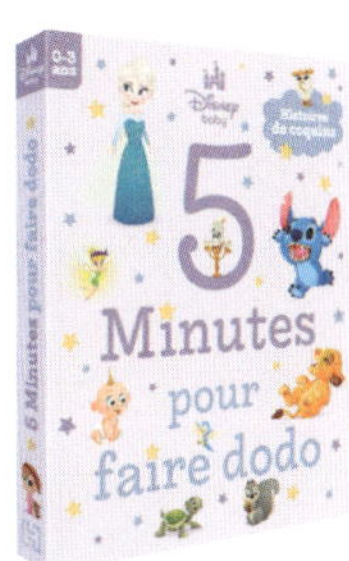
0-3 ans
Disney baby
5
Minutes
pour
faire dodo

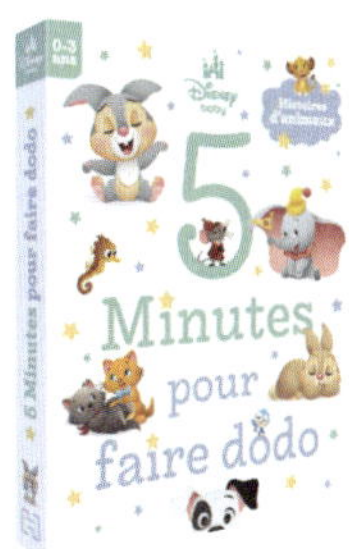
0-3 ans
Disney baby
5
Minutes
pour
faire dodo

7+
Marvel
5
Minutes
et
tu éteins

7+
Disney
5
Minutes
et
tu éteins

hachette
JEUNESSE

Directeur : Timothée Le Mière
Directrice de projets : Adélaïde Lebuy
Directrice artistique : Mélissande Mestas
Édition : Naïma Timzouert
Fabrication : Anne-Laure Soyez
Suivi éditorial : Mathilde Ricciardelli
Illustrations : Disney Storybook Art Team
Adaptation des textes : Sophie Koechlin
Mise en page : Paul Bagheri-Poubanne
Relecture : Agnès Duhamel

Édité par Hachette Livre – 58, rue Jean-Bleuzen – 92178 Vanves Cedex
Imprimé par FINIDR en République tchèque – Achevé d'imprimer : juillet 2024
ISBN : 978-2-01-723527-9 – Édition : 01 – Dépôt légal : juillet 2024
Loi n° 49-956 du 16 juillet 1949 sur les publications destinées à la jeunesse.

Pour tout renseignement concernant nos parutions, nous contacter par e-mail : disney@hachette-livre.fr

Pour l'éditeur, le principe est d'utiliser des papiers composés de fibres naturelles, renouvelables, recyclables et fabriquées à partir de bois issus de forêts qui adoptent un système d'aménagement durable. En outre, l'éditeur attend de ses fournisseurs de papier qu'ils s'inscrivent dans une démarche de certification environnementale reconnue.